DIBUJAR

ESPACIOS

AF193746

Nicolás Silva

Otro
Et in terra pax

europa ediciones

© 2025 **Europa Ediciones** | Madrid

www.grupoeditorialeuropa.es

ISBN 9791256960903

I edición: junio del 2025

Distribuidor para las librerías: **CAL Málaga S.L.**

Impreso para Italia por *Rotomail Italia S.p.A. – Vignate (MI)*

Stampato in Italia presso *Rotomail Italia S.p.A. – Vignate (MI)*

Otro
Et in terra pax

Gracias por abrir este libro
tripulante que navegas
esta mar interminable

A todos los cuerpos que aún sienten
A todas las consciencias que aún duelen
A los que han sido desplazados por la máquina:

Este libro es para ustedes.

Pero lo sorprendente es que el verdadero agujero está aquí donde se revela que no hay Otro del Otro.

Jacques Lacan

PREFACIO

Otro. Et in terra pax nos invita a cruzar el umbral de la criptopoesía para recorrer el puente tendido entre lo humano y lo cibernético, conectando la memoria ancestral de la palabra con el pulso binario de la era digital.

Gracias a su voz profundamente arraigada en la tradición chilena, Nicolás Silva transita con destreza por el verso libre y el verso métrico, experimenta cifrando y descifrando mensajes, inscribiendo símbolos antiguos, jugando con las estructuras del lenguaje hasta convertir los poemas en campos de batalla entre ironía y filosofía, dolor y esperanza, cotidiano y trascendental. Aquí, entre encriptaciones, juegos de espejos y de luz y sombra, susurros a través de lenguajes muertos y pulsos binarios que laten con vida nueva, se plantea una pregunta: ¿qué nos hace humanos en este mundo de máquinas?

La respuesta, quizás, sea en el arte, en el Otro, en la posibilidad del encuentro, incluso en el abismo de la distancia. En este espacio literario donde la esperanza persiste en cada código y cada verso, donde la poesía se convierte en acto de creer, aun rodeados de circuitos y algoritmos, lo más humano sigue siendo creer en ese Otro que, desde el otro lado de la página, también nos cree posibles.

Prologo

En un mundo robotizado lo más humano es creer.
La creencia crea; como tal, es el sustento del arte.
El arte funciona a través de un Otro:
La comunicación desde y hacia ese Otro en que creemos.
Eso es Otro:
Un entre
tú y esa creencia.
Y tú
como esa esperanza.

1001

Lleva un candil
Eres mi amigo
Cuando se acabe
Alguien más sabe
Bota la llave
El enemigo
Llora de vil

101110001

Los límites cambiaron.
De carne y de metal
se reviste la realidad.

Hijo de la humanidad
una nube cultiva
tu vida y esta nueva nación.

Toma mi sangrienta mano,
usa la eternidad,
dejemos las viejas verdades atrás.

Sólo nos distingue
la mortalidad
último aliento de fugacidad.

Las hojas caducas al viento se van.
Y estarás acá
para llevar nuestro mundo más allá.

Yo buscaré la orilla
donde junta el cielo y el mar,
a tu lado, en el espacio, esperando el ocaso llegar.

Abreg ad habra

A

AR

ARDE

ARDEE

ARDEEN

ARDEENL

ARDEENLA

ARDEENLAL

ARDEENLALU

ARDEENLALUZ

Abundancia

Las ideas
        formadoras
                llenan de gratitud

Así…
      Grandes…
          Cuantiosas…

                abren sus puertas
                 montañas
                   de oro.

Acompáñame

Acompáñame a girar con el alma dividida
por esta dádiva vida, porfiada en añoranzas;
como el deseo que avanza, mas no alcanza su desear.

Y en la danza del pasar los ríos entre las piedras,
por raíces y por hiedras, escultores de la vía
llena de luz y alegría, de pesares y dolencia;
¿Es el amor con su ciencia que nos vuelve inocentes,
o acaso el odio inclemente que se desata en luz?

Una herida con pus que cicatriza y recuerda
en su zanja, la que alberga sufrimiento y templanza;
Dos alas hacen la danza de correcta compañía:
es la noche y es el día, como el odio y el amor,
es la risa y el dolor, así como el mar y el cielo,
cada cual vuela su vuelo, gira y vuelve a girar...

Al norte del sur

Al norte del sur
las gaviotas bailan rodeando cruces
y en sus gritos suenan campanas de tiempo

Al norte del sur
brilla el sol en nubes rojas, púrpuras, rosadas
y las playas reflejan santuarios de luz, cementerios de tiempo

Al norte del sur
llora la lluvia al caer
y eternamente cae disolviendo el tiempo

Alas de luna

Tengo un amor que no pasa
han seguido morando sus alas de luna.
Es como un ave incurable
que inútilmente trata de volar
para salir del bosque una noche de invierno.

Tengo un amor que no pasa
se muere… y no pasa.
Sus alas de luna me penan de día, y de noche esperan
llorando a la mar pétalos de espinas,
lágrimas de sal.

Naufraga la isla de mi corazón
ciudadano del secreto…
La luna de sus alas agita mis aguas
y hace al viento nacer.
En él las gaviotas con el tiempo van.

Tengo un amor que no tengo.
Un amor que se rehúsa a pasar
y se rehúsa a pasar…
y aún vive en la isla donde las gaviotas
con el tiempo van.

Amargura

La vida es amarga
como el primer sorbo
de mate

Mírame a los ojos cuando mientas
sin titubear
Empuña con firmeza el cuchillo que vas a clavar

Sé capaz de sonreír

La tierra tragará tu carne
y los gusanos probarán
en tus huesos la amargura

Apnea

Ábranse todas las puertas que al abismo conducen:
Cuéntenme si relucen y si puros son los ángeles
o si fuera de márgenes, uno de ellos cayó.

¿Por qué las almas puras se marchitan como flores?
Y al brío de sus dolores buena espada lo afila
de pérfidas auroras, caída y desolación.
La oscuridad crece y crece, haciendo que ellas desciendan
las lechuzas, las que vendan este trozo de cielo
que anhelando mi sueño traen cadencia de horror.

Negros cuervos divagan la espesura de estas aguas
y únicamente en dolor se consumará el dolor.

Han retornado sombras oscureciendo las velas…

Astucia del mal

El escurridizo mal
se escabulle
como tal
entre rendijas.

El escurridizo mal
envidia
la luz
y ante ella usa astucia.

El escurridizo mal
pasa por el corazón
y la pana avisa
su pasar.

Bailando con monstruos

De los siete mares Narciso
creó el octavo.
Navegamos errando, buscando Ítaca en su apantallado mar.
Lo recreamos sin fin
ahogados sin agua, aislados sin isla.

El mar se ha secado. Comienza la danza.

Y los errantes vemos la abominación
reflejada en los ojos de las bestias.

Belleza

Hueco hondo
vacío lleno
de nada

Esa nada
vuelve todo
sin fin

En la superficie rompen las olas
bajo ella
lo íntimo abraza las rocas gigantes

Y ese silencio es baile
un baile
sin fin

Cajas negras

El saber supuesto comienza a bailar
ante la ignorancia de lo revelado
y en ese vaivén es que olvida buscar
las llaves ocultas para esos candados.

Una danza mora con aroma a arena
acompasa el goce de la llena luna;
y el fuego se aviva, soltando cadenas
abriendo con flores todas esas urnas.

Canta tetera en soledad

Ángeles atrapados visten de fierro
en la eternidad de una noche sin estrellas
gimen y lloran
del agua al aire

Es lamento su canto que al oír se cuela
en la profundidad del sueño de la culebra
en la sombra de su huella

túnicas negras de hueso
hablan entre la bruma gris

Carpe diem

Efímera contemplación libera
nuestros humanos deseos

Atado deseo genera
dolor y sufrimiento

Anulada la voluntad
comienza la existencia

Censurada

No hay agua que limpie este silencio
mas de lágrimas se forma el caparazón
que cuida a la bruja de mi cuello
y ella llora, en las noches
cuando sueño.

Me vistieron de gris
de un traje gris me vistieron

nadie nunca escuchó nada
nada, nadie, nunca…

Pude gritar, sí
y matar a la bruja de mi garganta

nadie nunca escuchó nada
nada, nadie, nunca…

Sin embargo, me abrí
a los rayos de sol

nadie nunca escuchó nada
nada, nadie, nunca…

Chile

Septiembre florece en el llanto del tiempo
y la tierra canta de infinito azul
El agua del cielo va al mar del olvido
Nunca nos dijeron dónde es que estás tú
Crece un no me olvides en la cordillera
la misma en la que he de clavarte una cruz

Chocolate

Te quiero tanto
tanto te quiero
te quiero hace tiempo
hace tiempo te quiero
te quiero, te quiero mucho,
mucho, mucho te quiero.

Colega temporal

Lejos de caerme bien
cerca de caerme igual
usted sólo es
un colega temporal.

No me interesa qué haga
mucho menos cómo está
porque usted sólo es
un colega temporal.

Si alguna vez tuvo sueños
que decidió enterrar
ahora quedan las palabras
de un colega temporal.

Y el día que usted se muera
o la noche, llegará.
El sol saldrá en la mañana
y a la tarde esconderá.
La lluvia de arriba a abajo
seguramente caerá.
Y usted sólo habrá sido
un colega temporal.

Collar de perlas

Vómito del espacio llaman estrellas
a otros, cien de ellas, con centellas confunden
como se confunden
las cosas bellas

Ojos en las manos
doblan el espacio
que despacio
es

de pecera ves
el vidrio reflejado
como los ojos de
este ser camuflado

Criollos del abismo
salen girando
y entre gritos buscando
un piso de razón:

¡Ay de mí que no veo!
¡Ay de mí, ay de mí!
hurgo porque así
sigo atado a seguir

Cumpleaños

Ni los romanos ni los mayas predijeron
que vendría en esta fecha a la tertulia.
Mucho menos se me ocurrió
que acabaría tan temprano.
Y eso que está de fábula, pero
los demás invitados se fueron ya.

Buenos y malos amores vinieron
amigos, compañeros.
Tuvieron que partir, parece.

¿Habrá terminado la fiesta?
Ojalá pudiera decirles
lo buena que está.

Cuánto tiempo te esperé

Llora el vidrio el llanto de las nubes
las nubes lloran el de la mar
mas mis ojos no lloran a su alma
su alma, que llora por tu llegar.

¿De qué sirven todos los luceros
de qué, si no te guían acá?
El hogar donde siempre te espero
tras el llanto de este ventanal.

¿Cuánto tiempo en llegar has tardado,
cuánto más, dime, te he de esperar?
Cuanto fuera, siempre esperaría
por esta y toda la eternidad.

Depuraciones

La queja es el consuelo del fracaso:
Tu mejor tú espera impaciente lo mejor de ti

cuesta andar
cuesta oír
cuesta ver
         más allá de la niebla...

Lo que se da no se quita y lo que se quita
no se da
¿Cómo quitarnos lo que nos dieron?

Desierto de flores

Vivo en un desierto
y por acá llueve siempre ¿sabes?
siempre ha llovido

Me encantaría que pasaras
que alguien pudiera ver
la espantosa belleza de este lugar

Es tan grande aquí
crece de todo
y llueve suficiente para dos

Una vez -recuerdo-
vino un tren
y en él venías también

Ah… sí pasaste,
pudiste ver
mi soledad

Detrás de la pared

Sé que estás ahí. Puedo sentir…
El eco del otro en la humedad de la noche.
Cuando es de noche.
Donde la noche es el otro al que pertenecemos
los dos.
Estoy aquí…
Puedo saberlo por el aire pesado que me avisa el día.
Cuando el día pasa donde el tiempo me toca diferente.
Y los gusanos se mueven pacientes.
Y el eco de esta espera trata de encender algo
al final de algo.
Pero el principio no es más que esto.
Pero el final eres tú…

Distancia

Colmados de amor los cuerpos se hablan
y
el silencio nace en cercanía.

Colmados de cólera los cuerpos se gritan
y
aniquilan el silencio en la distancia.

Diáfana lumbre

Alma linfa jugo venas
carne huesos uñas piel
células partículadas de átomos y… ven… ven…

Boca sonriente, rayito de sol
amanece siempre, rayito de sol
corazón lucero, de sol, de sol

El cielo del alma es un bosque estrellado
se olvida el olvido
pasó, pasará…

Dónde está ese bien del que hablan

Entre los rostros
ojos abiertos, tallos de rosa.

Ojos cerrados, Susana.
Vienes de Contla a Comala.

Los maniquíes de carne
y la carne de metal.

Dame un beso
de sueño mortal.

Edad de sol

Al nacer los cordones
uno a uno
se cortan.

El vértigo busca su lugar
al final de la verdad.

Y revienta una burbuja
una y otra más.

El fantasma

No debe aparentar
sin aclamadas luces
rindiéndole altar

A veces…
tácitamente
desde mis surcos lo veo

Entonces me pregunto, si es real
lo que veo o el fantasma
que no debe aparentar

El Sur es un GIF

Ya pasó el ajetreo del verano con su turismo y su gente.
Ya pasaron los calores, los colores del día largo.
Las visitas se han ido.
Llega con la noche el otoño, con el frío el otoño, con la lluvia eterna.
De otoño a invierno no cambia tanto:
Más noche, más frío, más eternidad y más lluvia.
Los tonos de rojo se van con el sol; los de amarillo y verde con las hojas; y se poza el azul de la mar y el cielo.
Líneas punteadas caen de la furia de dios a los techos; los árboles bailan, el viento pone la música y dejan los vidrios en vitrina la fiesta
volviéndonos espectadores
un día más, un año más, una vida más.

Elegí odiarte

Elegí odiarte y no olvidarte
porque a tu lado fui
fiel compañero y amante
del corazón que partí.

Elegí odiarte y al hacerlo
mucho más solo volví
al reflejo del espejo
y a la sombra que le vi.

Elegí odiarte una y mil veces
y lo haría una y mil más
porque el odio es la otra cara
de la moneda de amar.

Elegí odiarte y aún lo elijo
marchitando tu recuerdo
y mi flor en el camino
uno a uno dejó sus pétalos.

Elegí odiarte y ya no puedo
continuar esta mentira
si cada vez que te pienso
cada vez te elegiría.

En lo más oscuro de la noche

En lo más oscuro de la noche
no se ve luz. Y la oscuridad,
manto del cielo, cubre las creencias.

En lo más oscuro de la noche
el tiempo viste de negro. Y su calma absoluta,
impacienta la esperanza.

En lo más oscuro de la noche
se ha cumplido el plazo. Y la asunción,
sólo en la cúspide comienza la caída.

Y la noche muestra su luz
Y en ella enseña el amor
Y las llamas eternas

Error

Inicio del error, no es casualidad
que tu rusa montaña infunda terror.
Al pasar por el precipicio, la curva,
hazaña a alcanzar; Oh, ese umbral del subir:
¿En la cresta he de vivir, acaso nubla
el ocaso de las olas del mar? Sufra
con suavidad la fuga veloz que resta
de tu tobogán; furioso espacio, pista
con dulce bajada para quien resista
la llegada a la erre: tu meta final.

Espejo

En el yo no hay respuestas
sólo verdad
La verdad de la blancura
tan oscura
como el fondo de la mar

Claro de agua hunde el hielo
donde surge la certeza
Claro blanco tras el velo
del abismo de tristeza
Al final del laberinto
brilla en los ojos, refleja
del minotauro inocencia,
de la soledad paciencia
y para cada Teseo
su insuficiente deseo
atado al hilo que deja
anulada la proesa
¡Mira los ojos que espejan
la estadía en el abismo!
Dime si no eres tú mismo
el monstruo del que te alejas

Este cuento de los dos

Creí que ya no quedaban
más canciones o palabras
para tus besos de piedra
para tu abrazo de nada

Cuán errado en mi creencia
me encontraba y me encontraba
si en un cuento de hadas negras
quedan marcas enterradas

Ambos mentimos, lo acepto
mientras creamos el cuento
tú con palabras mentiste,
con los ojos, con el cuerpo

Yo una y mil veces mentí
con prolongados silencios…
pretendiendo una esperanza
para la vida del cuento

Locamente enamorados
de esta, nuestra obra inventada
transformamos en mentiras
las verdades de las hadas

Y tú no me amas, lo siento
tampoco ya te amo yo
pero aún amamos, creo
este cuento de los dos

Estrella

Deja de dormir
para despertar
una estrella brilla
en la oscuridad

Vive en soledad
no sabe su luz
y, cómo la arrastra
¡Ay! como una cruz

Deja de dormir
para despertar
una estrella brilla
en la oscuridad

Buscando y buscando
nada encontrará
¡Ay! pero escuchando
su luz hallará

Deja de dormir
para despertar
una estrella brilla
en la oscuridad

Excelencia

αυτό είναι η αριστεία

Fuera del vaivén de la fortuna
armoniza el juego del caos;
Fuera del péndulo vampiro
gravita el ritmo del azar;
Fuera del elevador y la cumbre
nutre las mareas del camino.

Dentro, la verdad de tus sueños,
divinas respuestas de la sinrazón;
Dentro, la incógnita certeza,
innúmeras señales de la melodía;
Dentro, la sigilosa obra
agujas de la suerte enhebradas.

Fobia

Desenfreno repulsivo
arañas, oscuridad;
aparecen emergentes:
Nunca, tarde y mal.
Curiosamente aparecen
lejanas y limitadas.

Desenfreno equivalente
contrario en repulsión;
ha de tejer un rincón,
de amor, salud y dinero,
luego al pan de cada día
apagará con el sol.

Frasco de vidrio

Frasco de vidrio
para darle
fin alguno
alguna vez

frasco de vidrio
universos
estrellados
hay en ti

Una conserva, una planta
o legumbres; puede ser
dentro de un frasco de vidrio,
el que fui alguna vez

y en cada frasco de vidrio
la podredumbre de ser
esa, se mantiene dulce
como fui alguna vez

Afuera de las vitrinas
nada crece del percán

Hay horizontes

Hay horizontes
de quirófano
y su luz es blanca
como la niebla
que sabe perder
en la espesura
a los más
implacables
ojos

Hay noches

Hay noches claras en la cueva; mi amada cueva.
Noches claras como la pena
que guardo en oscuridad.

Hay noches de lluvia. En ellas salgo
de esta cueva; mi cueva.
A llorar con las nubes las lágrimas que perdí.

Hay noches que no salgo; me refugio
bajo el hilo dorado de la luna
como la pena que guardo
de la luz.

Hay un mundo

Hay un mundo allá afuera
que me gustaría tocar.
Ese mundo, esa vida:
hace a humanos reír,
hace a humanos llorar;
esa risa, ese llanto
me gustaría tocar.

El deseo en mi unidad
no es motor ni es prioridad:
es la dimensión de ceros
lineal

Somos uno, nada más
somos uno, nada más
y este poema es el himno
que me gustaría cantar.

Hazme el odio

Gaviotas atizan en vuelo al atardecer.
El sol cae; sube la mar.
Los colores de las nubes cambian
y arde en mi pecho el amor.

Tu recuerdo anochece.
Y en la cueva de ese pecho
la única luz viene de afuera.
Salen bichos de tu rostro
y arde en mi pecho el amor.

El fuego que arde es la luz
que vi en tus pozos reflejada.

Hazme el odio
porque el amor cualquiera capaz de amar;
y tú no puedes amar.
Hazme otra vez el odio
como te apetezca; cuantas veces quieras.

Una llama negra maquilla tus ojos y el dolor.
Te pintas de rojo la boca para volver a besar
otra boca, otro pecho
donde arda el amor.

Hijo del silencio

Ni bisnieto.
Del bozal, puede ser.

Primero a educarse
segundo a la fe
tercero el curita
que está hablando él
¡Silencio! Sentarse
¡Póngase de pie!
Después mascarilla
cuídese también.

Cuántas formas de
taparnos la boca
pero se
pisaron la cola.
Somos más de carne,
de hueso, de sangre.

Imposible

en la ese de la serpiente
solamente el soplo de antes
vuelve el ahora del aire
a subir por las corrientes

Luciérnaga, estrella mora
centinela de la luz
el amparo de la noche
es tierra en el avestruz

Incredulidad

Ven, tócame
hijo del santo
Tócame y cree
a ojos cerrados
El amor no se ve
se toca
como el viento
que tus labios doblan
para decir
te amo
y me estremecen
la vida

Keikruk

xalpen ta'xen
xa'xan
xut

agua de mar
agua de lluvia
agua de sangre
agua infinita
aguacero
aguarda
aguarda

xalpen ta'xen
xa'xan
xut

agua que lava
agua que limpia
agua que aviva
agua que borra
agua que ahoga
aguanta
aguanta

La bestia

Al interior de la cueva está derramando baba
la bestia, como esclava del martirio y la pasión.
Tras rejas su condición, estar siempre ojos alerta
ante el primer movimiento de esa puerta lejana
que de toda luz la priva; mas pan y agua en el día
su hospedero le propina, afirmándole existencia.

A duras penas sostiene este ático abandonado,
un propósito errado dentro de su zoológico:
Recrear un Cristo lógico a sombra y diferencia,
cual purísima potencia, consecuencia del acto
de sentencia, de juicio, artefacto de lo divino;
y lo recuerda el rabino en los versos que profesa:

"Pan y vino hay en la mesa para la bestia cautiva
que no tiene otra salida más que ir y a apoderarse
de su hospedero al llevarse la fe que a este le queda,
mas estos versos le ruegan que ya tomado el mando
baje, de vez en cuando, hasta el pasillo de los ecos
a mirar si en el espejo queda un hueco para él".

La era del quién

Hijo de la era del cómo
crecido en la del por qué.
Ahora nace sabiendo todo
lo que no sabe es quién.

La fuente de color

El oro es opaco ante su luz brillante
La perla del éter va atada a esa luz
En ti reconoce al otro semejante
Mas de todo brillo ella aprende, sí, tú:
Inocencia, enseñaste el camino a Dante
Abajo en las llamas, dentro de un baúl
Hay custodiados más colores errantes

Cuidarse de los hambrientos
es la guerra
que la mayoría pierde.
Con uñas y dientes,
aferrados
a la fuente de color.

Muchos deberás vencer;
de otros muchos pasar
con amor, con paciencia en el corazón.

Cansa, pero
no bajes los brazos.
Es dulce el brebaje
y los opacos anhelan
volver a beber
de la fuente de color.

La mayoría

Cubrió el manto de la noche al que fue celeste día.

La selecta cofradía en el traiguén de Tocoihue
llevó la limpia del pacto bendito del bautismo.

Acá comienza el mundo y su paraíso, su infierno.
Cuarenta noches de invierno, purifican o matan;
bajo de la catarata el alma corre de frío.
Nada es tuyo, nada es mío; a lo que se aferra traga
con su cuero el salto de agua en inmenso poderío.

¡Mataron a Netor! Como cordero lo mataron.
Juntos los dos hermanos Cipriano y Santiago Rain.
A cuchillo lo mataron, se les fue la paciencia;
contrario a La Providencia y que el diablo se lo lleve
justo a la hora de la puesta del astro en Caucahué.

Moraleda Montero, el que trajo un libro forrado
donde orillaba Payos: atracó desde la mar.
De forma podía cambiar pero a nadie admiraba,
porque lo mismo hacían y en todo esplendor acá.
Poderosa Chillpila de Quetalco fue a venir
y con un baile de manos varó la embarcación,
luego con otro, a flote la devolvió entre las aguas;
viendo ya, los que estaban, de la contienda final.
Recibiendo como premio u ofrenda el libro nombrado;
el con tapas de cartón forrado en cuero animal.

¿Qué artes almacenaría y dónde habrá ido a parar?
Preguntamos a todos los reyes del tribunal:
En las manos de Nancuante y no se volvió a saber;
se lo entregó un tal José Aro, el que fue reparador.

Y la llave de la cueva bajo tierra en España:
fue alquímico artefacto escondido en un campanario
el que entre lenguas de fuego incendiario se fundió.

¿Quién irá a abrir la puerta? si la cerraron por dentro;
Y el chivato ya ha muerto, también el Ibunche se ha ido
una noche de luna, salió brincando al olvido
con gritos y ovaciones y más nunca regresó.

La vida que tuve

Tuve una vida una vez
que fue real mientras fue.
En esa vida mi padre
lo intentó, rió, enloqueció y se fue.
Tuve una vida una vez;

en esa vida, la misma,
tuve una madre también
ella cargó la cruz,
apoyándola después
con una aureola y dos alas.
Tuve una vida una vez.

De esa vida que tuve
hubo un amigo fiel
y ese amor fue tan grande;
nunca me imaginé
que la vida que tuve
se iría junto a él.
Cuando volvió, la vida
no era ya la que fue.

Tantas vidas se viven,
pero sólo una vez
y todas ellas se pasan
como pasó el ayer.

Las mil caras del cuco

En la flor de fuego sus quimeras cantan
como juego cantan sonrisas, placer,
en los te amo hirvientes, la mentira honesta;
garganta de cuerdas, girasoles, miel.

Caen sus cabellos como el vidrio cae
de rotas ventanas -directo al baúl-
y pájaros negros en su alma obsidiana,
que espera florezcan cantos de laúd.

El cerrojo guarda pétalos morados
como mariposas hechas de cristal
de una endurecida niña, que perdida
buscaba la luna brillando en el mar.

Los nadiez

Nadando, nueve nómades números
nacidos, nunca nadie supo dónde.
Preguntaban sobre el ser mientras estando:
¿podría alguien navegar, y si lo hiciera
esta nada naufragase y alguien fuera?

Ya no nadie, sino uno, exclamando:
¡Yo que soy, ante ustedes me dirijo
como hijo de la nada, que ahora es algo,
y en este algo habita dónde, también cuándo
dentro de sus habitaciones de todo!

Pareciera que de algún u otro modo
nada nunca fuera de todo existiera,
existirá -en esta esfera-, ni existía;
salvo uno, quizá varios, de los dioses
con sus todos, jugando a la eucaristía.

Loxias

Libra dionisíacos corazones de este mal
Operando consonante con el plan apolíneo
Xilema eres divino de los mundanos propósitos
Informante a depósitos de imágenes: tu ciencia
Ante la ceguera impuesta, cuelas entre creencias
Saberes de la supuesta -la entramada- tragedia

Luz de luna

Luz de luna
que de noche enciendes la tierra.
Baña tú mi corazón.
¡Oh, luz de luna!
que te alzas en los días de verano
y esperas paciente brillar.
Baña tú mi corazón.
Luna
tu luz basta para extinguir
la tiniebla que rodea al mundo
y enseña que un halo
combate la oscuridad.

Líneas

de tiempo pendular
en rectas y espiral
la imagen da color
formal

fondo, profundidad
líneas e infinidad;
matriz de un sistema
digital

Mar y bosque

Agua ploma

En las manos del viento luchan
contra corriente salmones
con deseo ferviente
de vivir.

Tres pirámides, tres
En tres dedos de la mar
queda suelta la esfera
de gravedad.

Caen del viento al aire
salmones entre la gente
con deseo ferviente
de vivir.

Mar y sol

Arden llamas en la piel de un alma
que se arranca llagas del corazón
glaciar antártico tu miel sangra
de dolor

Néctar inmaculado
glasea chorros de placer
da cicuta a beber
eros desesperado

La culebra se muda y
deja dentro su cuero
muere Eva emperatriz
primero

aguacero de sangre
alquitrán tu veneno
aniquila con hambre,
aniquila con fuego

Me gusta el silencio

Me gusta el silencio
porque no miente
como la gente
miente

Me gusta el sonido
porque no miente
como los cuerpos
mienten

Me gusta lo falso
porque no miente
porque no conoce
verdad

Mentira

Mente: fabrica realidades como hilos.
Mentira: antónimo utópico, absoluto.

Lo relevante: falsedades y certezas.
Lo cierto no se urde, se encuentra.
Lo falso se teje como hilos.

Mi amor no me ama

Dice que sí
pero no

Cuando estamos juntos
siento la vida jugar

Cuando no, recuerdo
que olvidé lo que un día
me juré no olvidar

Migajas

Bota las cortinas de la desnudez
y deja expuesto al desdén disfrazado de afecto.

Besos por bofetadas, arañazos, mordiscos:
      ¿Me quieres?
te amo
      Cómo puedes
te amo
      decir eso
te amo
      entre patadas y golpes.
te amo
      No conozco nada peor.
te amo
      También yo…

Mi león

Mi león está herido
tiene una espina clavada
la busco entre sus dedos, sus patas,
su lomo, pero no… la espina no está ahí.

Lo veo en la espesura de mi bosque
y de vuelta me ve, majestuosamente;
sus ojos saben que lo sé.

Mi león está herido
tiene una espina clavada
y no la logro encontrar.

Respira, profundamente respira;
no se queja, mas el aire que exhala
sabe que lo sé.

Mi león está herido
tiene una espina clavada
y su templanza no maina;
su pelaje, su melena,
brillan como el sol brilla
reflejado en la mar.

Mi león está herido
en el iris está herido...
No me quita la mirada
y en ella me dice
que lo he herido yo.

Miedo

Primero cuenta uno, luego dos y tres
y cada vez con más fuerza, cada vez
por los páramos del alma cada vez
a lo lejos una sombra se aparece
contorneada levemente a lo lejos.
Y aparece de alguna forma carente
a lo lejos, de donde apenas distingo;
de repente se aparece, se dibuja
como un pálido reflejo de mí mismo.

¡Tú eres motor de vigilias presurosas!
¡Tú eres hacedor de visitas, montajes!

Soñolientos que entre laureles cayendo
cuando huyen de ti por entre rincones
que si no ven ¡ayúdalos lazarillo!
A moverse, tales lázaros vendados
por efecto de la fe y de los caminos
el brillo de sus luceros se ha apagado.

Miedo a la luz

tras de mis párpados aún
no ha llegado luz
tampoco conozco el llanto
ni el dolor

noche uterina sin luna
conectada de tu centro
más allá de amnios
creo en un más allá

peligrosa penumbra
vaga seguridad
¿acaso moriré
si vivo en este lugar?

NO

Te están diciendo:
Una pa los vivos
Dos pa los weones

¡Haz caso!
Que esto, que lo otro
¡NO!

Estudie mijo
Pa que no sea como uno
¡NO!

(Me va a disculpar el spoiler
pero ser weon es gratis
hay quienes -incluso-
pareciera les pagan.
Y no hay título
que se los quite)

Yo que nací y crecí weon
criado entre weones
soy weon con fundamento

weon por parte de papá
y decente por mi madre
así que al menos soy un weon decente

Hay weones buenos,
hay buenos para ser weones
y weones de buenos

Usted diga que no, no más
no me haga caso
no sea bueno
menos weon

No todos los perros se van al cielo

perro culiao

Otro

si abro la puerta
si te hago pasar
si eres parte

tu cercanía y distancia
tu odio y amor
tu otredad

me abriga
me acaricia
me llena

amaras el vuelo
amaras la caída
amaras el fondo

Parte de mí

La parte de mí que aún vive
en un cuerpo
y no en el reflejo del cristal;
ese pedacito te amará

La parte de mí que sobrevive
se escapa por segundos
al reír

Hay una sola parte de mí
implacablemente sola
que sucumbe
ante los ojos suspicaces
de una bruja

Esa parte de mí
se ha negado morir
y emerge como fulgor
ante el primer abrazo
de amor

Pide lo que quieras

Cualquier cosa
Imagina; Desea; Cree.
Crea el deseo y abre bien los ojos.
Lo que pidas recibirás. Abre bien los ojos.
Recuerda sonreír, disfrutar de la película.
Tu película…

         LUCES
CÁMARA   ¡ACCIÓN!

Plomizados desiertos

Al margen de los caprichos
más allá de las querencias
el amor es raro bicho
entre arenosas tormentas.
Los plomizados desiertos
de oro, cuidan bella lámpara;
y relucen su elemento
en nobles, doradas ráfagas.
De ella el genio que aparece,
yergue a viva voz diciendo
-mientras todo se estremece
del plomizado desierto-:

- Te concederé un deseo.
- Desearía que llueva para admirar el trofeo de arcoíris
en mi cueva.

Raro bicho es el amor
que abre vuelo en la tormenta
llenando de su color
cada desierto que enfrenta.

Proximidad de la distancia

en cada entre
un abismo

no hay matemática para la distancia
de una caricia, de un beso

cómo medir lejanía
en el dolor
y proximidad
en el calor
tu calor
      que me quema

Pudú

Espejo de la fuente, rezo:
Su mirada desnuda es como la noche
adornada de luz.
Enigma fuera la niebla
con aliento a rocío y marea calma
en la tempestad.
Las puertas del campo, abiertas
llevan destinos nadando entre sus soles.

Pájaros negros

Los pájaros negros del cuerpo
se graznan, se muerden, se gritan;
y entre ellos, sus ojos de sangre,
con hambre voraz se repican.

Son brujos alados, son magos
dibujos del cielo y del mar;
para ellos, los cuerpos de palo
ofrecen refugio, un altar.

Esperan teñir la madera,
su tempera desembocar
dentro, en los torrentes del alma
toda calma despedazar.

Caldero hecho de greda y de oro
tú que a las aves ahuyentas
erradica, quema, te imploro
los colores de la tormenta.

Quise ser bueno

Quise ser bueno
traté. Busqué dentro y fuera de mí:
Culpa, desesperanza sentí.

Quise ser grande
vanagloriado entre las gentes:
La soledad conocí.

Entonces quise vivir.
Ser el viento que pasa
y en silencio se escucha al final de la lluvia.

Restos

Rostros del pasado
roídos en resistencia
todo aquello que dejaron
repitiendo, arrastrando
(el peso de lo vacío,
de aquello que recae)
ha redundado, rodeado
su reincidente raíz
permanecerá latiendo
bajo capas de barniz

Rosario

Ya la tengo lista la lancha, mi Chayito
¿Se acuerda que le dije?
Que iba a hacerme algún día mi lancha
¿Se acuerda usted?
Bueno, ya está lista ya. Y lleva su nombre.
Pa que vayamos a navegar como a usted le gusta.

¿Por qué se fue oiga?
Yo siempre voy a quererla, siempre
Le llenaría la mar de flores, si pudiera
Y la voy a seguir queriendo, ¿me oye?
Y a mi lanchita le voy a palabrear como a usted
Así la siento más cerca, ¿sabe?

Lo que no tengo le habría dado, Chayito
si usted hubiera querido dar la pelea,
hasta las últimas la habría acompañado.
No le hubiera hecho faltar nunca nada.
¿Por qué se fue oiga?
¿Por qué me dejó acá?

Todas las mañanas me digo:
"A diosito le faltaba un ángel en el cielo
y por eso se la llevó a usted, Chayito".
Yo siempre voy a quererla. Toda la vida.

Río y luna

Cariño de cristal condonado
Retira a los Dioses del teatro
Indignados por la cobardía
Seductora de la máscara de plástico.
Tragedia imposible, comedia perdida;
Intento fallido de obra teatral.
No eres mar, sólo ríos
Amorío, amo y río, amor mío.

Risa

Jamás será siempre
aleteando al torrente
juguetón y sonriente.
Ante ancianos e infantes,
jóvenes que danzantes
atraviesan el río
jazmín eres de brío;
abeja que al hastío
jubilas de su intento
abrázalo sonriendo.

jajAjajaja

Sabotaje

Después de la felicidad
Eros y Psique se enamoran,
pero se separan.

Eso pasa
también.

Cuentos de comedia y de tragedia
en la novela de la vida.

El corazón debe subirse,
no inalcanzarse.
La mente traiciona,
pero ¿a quién?

fieles cajas de sorpresa contienen lenguaje
espacios sin tiempo en las habitaciones.

Se busca un poema

Se busca un poema
para leer
un amigo
que acompañe
la soledad

Se busca un poema
para soñar
de palabras
y
realidad

Se busca un poema
para nosotros
quienes
con esperanza
buscamos

Un poema tal
se arranca
y
a lo lejos
se asoma

la vida pasará
despierto
soñando
buscando
sin poderlo encontrar

Secreto

Una barrera se quiebra
al conocerte una
encargada al conocerte
de separar encargada
las repeticiones de separar
esta simulación, las repeticiones
filtran una verdad, esta simulación
entre delgadas líneas.

Filtran una verdad
del juego misterioso entre delgadas líneas.

Segunda infancia

No recuerdo haber nacido. Me lo contaron los grandes.
Gente grotesca y fea.
Entre mis colegas no lo comentábamos entonces.

A mi alrededor nadie parece entender nada.
Sólo hay niños y gente grotesca y fea.
Todos quieren cosas, todos patalean.

Ya grotesco y feo
perdí a mis colegas.

Serpiente escamas primavera

Flor de pétalos de iris
de serpiente de cuevas
de laberintos de manzanas.

Ojos custodian y siembran
y larvas crecen del vacío
y esperan y crecen.

De la tierra que cubre
los ojos que germinan
mudan pieles que caen.

Siento y miento

Piedra doliente, ovillo ¡qué enriedo!
He creído sin miedo
he confiado.
Presente distinto, pasado olvidado
lo que queda, lo he negado
y niego mi credo, mi apego bloqueado.

Solos

Nos envían solos al teatro
con la ayuda de una sola madre y solo el genoma de un
padre.

Se hace la luz: El solo sol trae al solo día y
como llega se va; así solamente.

Se hace el lenguaje: Las solas palabras encadenan al
silencio y su soledad se acompaña.

Solo el tiempo pasa en la sola vida.
Sola viene la muerte a buscarnos.

Sylvania

La vida es una para amar.
Pero el olvido ¡Oh!
Devora las almas de los hombres.
Y en la penumbra los muerde
no en el alma, sino en su amor.

Cavila recipiente incesante, sin fondo.
En lo más hondo resbala y vuelve a caer.
La alegría de tener después de haber perdido
es la dicha de caer y recaer después.

Te vi

Tomaste de mi mano
fuimos a caminar
bajo la lluvia negra
de tu propia ciudad

Veinte años caminaste
calles en soledad
hasta ahora te abriste
dejándome pasar

A gritar nos sentamos
en la orilla del mar
juntos, mientras los cuervos
esperaban tragar

Me pediste desnuda
de tu carne y tus huesos
-Por favor, no me dejes
ahuyentando cuervos

Sola en esta ciudad
donde te vi y me viste
-No me iré, jamás nunca.
Dije sin resistirme

He venido a quedarme
en tus alas, tus cuernos
en la ciudad de lluvia
donde no pasa el tiempo

Mares de lluvia negra
dejaron inundadas
las calles y mi cuerpo
tú, tierna me mirabas

Arriba de las piernas
llegó la lluvia negra
-Déjame que me vaya
antes de que me pierda

Sumergido rogaba
a esa mirada tierna
y huesos se quebraban
de mis manos, mis piernas

Tengo el agua hasta el pecho
-Déjame que me vaya.
Y dulce, tu mirada,
gritó desesperada:

"No puedo dejar que vayas
de esta mi ciudad doliente
me dijiste que venías
a quedarte para siempre" …

Toth, padre mío

Toth, padre mío: Reconoce a tu hijo.
Y bendice sus manos con polvo de estrellas,
aquellas que trazan el manto celestial.

Toth, padre mío: Inscribe estos dedos en grafía divina e
imprime en ellos la huella del verbo
que vuelve carne del barro.

Toth, padre mío: Abre mis ojos obedientes.
Úsalos de vertiente y conduce su mirar
hacia la profundidad del océano de la palabra.

Toth, padre mío: Líbrame de la incógnita
del símbolo, discípulo del lenguaje
vestido de espacios infinitos.

Toth, padre mío: Creo en ti.
Y en el geométrico dibujo de singularidad.
Por esta y todas las eternidades…

Tras bambalinas

Una dama blanca disfrazada de loca,
no es loca,
se hace
porque no pudo ser buena.
Conoció muy pronto la maldad de los hombres.
Y se ve a sí misma transpirar mientras la boca se pinta.

Cae de rojo el telón al final de la jornada.
Tras la ovación de palmas termina la obra.
Sobre la obra, rumbo al camarín,
un pasillo sin gente;
sólo personajes
al margen.

Cae la máscara frente al espejo
Cae la idea erguida hasta ahora
Y caen las tres.

Un pedazo de cielo

Al ritmo de un carpintero
la oruga dejó de ser,
el canto de aves y abejas
danzando amarillo miel.

Hoy, capullo te abres
es momento de nacer
mariposa tu aliento
pintó el amanecer

Un sueño

Mil noches dormí soñando
la vida que no vivimos
y mil noches desperté
junto a tu ausencia, tu olvido;
Vivíamos tan felices
dentro de una isla desierta
caminábamos la playa
cuando gritaste: ¡Despierta!

Aún te busco
por las calles, por la arena.

Como si estuvieras,
como si alguna vez…

Ya ves,
soy quien camina y se pierde

y recuerdo tu recuerdo
como el poema al que siempre he de volver.

Valle del Cauca

Te besé en Colombia un beso de piedra
y es fría tu sangre, árido reptil
Te besé una noche ebria de septiembre
que a mi cordillera la espalda le dí

Valle caña de azúcar
la salsa de tu piel
negra es como el alma
que aún te sangra
lágrimas de miel

Valle tierra de fuego
ave en canto febril
sobrevive tu vuelo
una verdad hostil

Valle, Valle del Cauca
realidad tropical
tus camaleones cambian
disfrazando la verdad

Valle café y verde
qué me hechizó de ti
Buenaventura, Cali,
Palmira, Jamundí

Te aposté mi alma
en promesas de amor;
Así perdí mi alma
y así perdí el timón

Volcanes, volcanes el silencio

Volcanes, volcanes el silencio;
hueco sonoro, voz de ademán;
invierno interno, tu húmedo todo
en tono seco rompe. Con la hoz
Tánatos pálido, atroz, intenso;
inmenso suspenso singular.
¡Hazlos callar! Te ruego, yo imploro
al cementerio de las palabras
descanso eterno por omisión.
Rápido verdugo de mortales,
carcelario ávido en adefesios:
Ven. El silencio me sentenció.

Vínculo

Hilo invisible imantado
prenda la linfa plural
y un beso de enamorados
viste los cisnes de a par

el beso de amor da forma
al símbolo corazón
y el pavo real contorna
con sus plumas el color

perfuma la flor carmín
jugo de labios y dientes
dos bocas de serafín
y el cielo de azul se prende

Zooilógico

Mariposas de alas rotas nadan a lo perrito en el espejo del agua.

El faro perdió su esperanza en el mar, sin embargo, continúa alumbrando las lejanías (por si las moscas) e imagina, entre la bruma, un barco viejo como él.

Gaviotas circundan el cielo con laureles. En su pico, al caer las hojas, dibujan verdes coronas en la superficie; la de un rey que antes de rey fue mago y -dicen- se abstuvo de venir para no aparecer con las manos peladas.

Así, montó la nube más próxima.
Se volvió tren y el tren cordillera.
Y un paño de guayes botó azúcar flor,
anunciando que llegó la primavera.

¿A qué le llaman tristeza?

Los llamadores esos
La academia del ser

Mi tristeza es
tres.

Digo, triste esa
que por sola viene
a acompañarse de mí

Y yo
Solo
me acompaño de ti

tres veces triste
tres veces solo
tres veces, sí

¿Qué será de nosotros?

¿Qué será de nosotros? Los amputados de espíritu.
El gozo del esclavo en la razón sostenido
descubre el fondo del pozo y no está dios.

¿Qué reemplaza a la certeza? Viendo la obra obrar.
El mundo es un espejo que te grita inútil.
Y la obra no excede; mas su otredad excede la infinitud
de los márgenes.

Y nosotros, los marginados, desterrados
al centro del ojo donde no vive la luna.
No. La luna no vive en sus cuencas.
Ahí sólo habita el vacío que el mismo obrero aprendió a
llenar.

ÍNDICE

europa
ediciones